Ein Raumschiff
das weint

Diese Texte haben alle mit meinem Leben zu tun.

Zu einem großen Teil sind sie während meines Studiums in den siebziger Jahren entstanden und reflektieren mein Aufbegehren gegen die Enge fremdbestimmter Konventionen und meine Suche nach Orientierung und Sinnerfahrung.

Gleichzeitig dokumentieren sie meine Einsamkeit und Unsicherheit bei der Suche nach Liebe und Geborgenheit.

Und zeigen, wie es mir nach Jahren gelingt, mich mit meinem Sosein zu versöhnen …

Für Elfi
die mir Liebe
und Frieden geschenkt hat

Paul Diesner

Ein Raumschiff
das weint

Gedichte, Bilder und

Fotos aus 5 Jahrzehnten

Bibliografische Information der Deutschen Nationalbibliothek:

Die Deutsche Nationalbibliothek verzeichnet diese Publikation in der Deutschen Nationalbibliografie; detaillierte bibliografische Daten sind im Internet über http://dnb.dnb.de abrufbar.

© 2019 Paul Diesner

Fotos und Bilder: Paul Diesner

Herstellung und Verlag: BoD – Books on Demand, Norderstedt

ISBN: 9783741224416

Inhalt:

Einsam, verzweifelt und böse	7
Fragen	34
Sehnsucht	54
Begegnungen	60
Einfach nur im Hier und Jetzt	80

Einsam, verzweifelt und böse

Sternenträume

Eines Abends im Dezember
nach langem bösen Gespräch
öffnete ich
voller Trauer und Bitterkeit
mein Fenster
verwandelte mich in ein Raumschiff
und flog davon.

Seitdem lebe ich zwischen den Sternen
und koste von der Unendlichkeit.

Manchmal freilich
zieht es mich zurück zu den Menschen.
Dann kreise ich um die Erde
und schau mit meinem Teleskop
in die Häuser der Menschen.

Nachdem ich dann genug gesehen habe
beam ich mich

auf die andere Seite der Milchstraße
dorthin
wo die Sterne das Lied
der Einsamkeit träumen.

Dann möchte ich weinen.

Aber hast du schon mal
ein Raumschiff gesehen
das weint?

Stumm weinen die Berge

vergießen große klare Tränen

der Bitterkeit

wollten lachen

springen

tanzen und singen

die Sonne erreichten sie nicht

Ich habe das Weinen verlernt

Nicht hungrig

nicht durstig

yeah

aber allein.

Trunken vom bitteren Wein der Einsamkeit

möchte schrein

möchte weinen

und ...

kann nicht.

Ich habe das Weinen verlernt

mich fröstelt

Kälte im Herzen

und so müde...

Wenn ich abends

allein mit mir im Bett bin

und dieses Biest

zwischen meinen Beinen

in meine Hände nehme

und frage

was willst du

was willst du schon wieder

dann wird das Ticken der Uhr

an meinem Bett unerträglich

Kreuzung

Zwei Wege,

die schon lange

sich mühsam durch die Zeit quälten

treffen sich.

Zwei Wege

mit Geschichten

von Menschen in ruhloser Geschäftigkeit

von Menschen mit fröhlichem Lachen

und von Menschen

mit Tränen in den Augen.

Zwei Wege treffen sich.

Für wenige Meter nur

sind sie eins.

Kreuzung

ein Schild regelt die Vorfahrt

manchmal.

Dunkle Wolken

kommen

von Norden her.

Mit ihren

eiskalten

Spinnenfingern

saugen

sie mir

das Herz aus.

Ich warte

doch mein Warten ist ohne Hoffnung

sinnentleert, lieblos und kalt

verzweifelt kreise ich um mich selbst

Ich lache

doch mein Lachen ist voller Zynismus

und Hilflosigkeit

Ich lebe

doch ich lebe am Leben vorbei

Ich lebe

oh yeah

doch mein Leben ist ohne Sinn

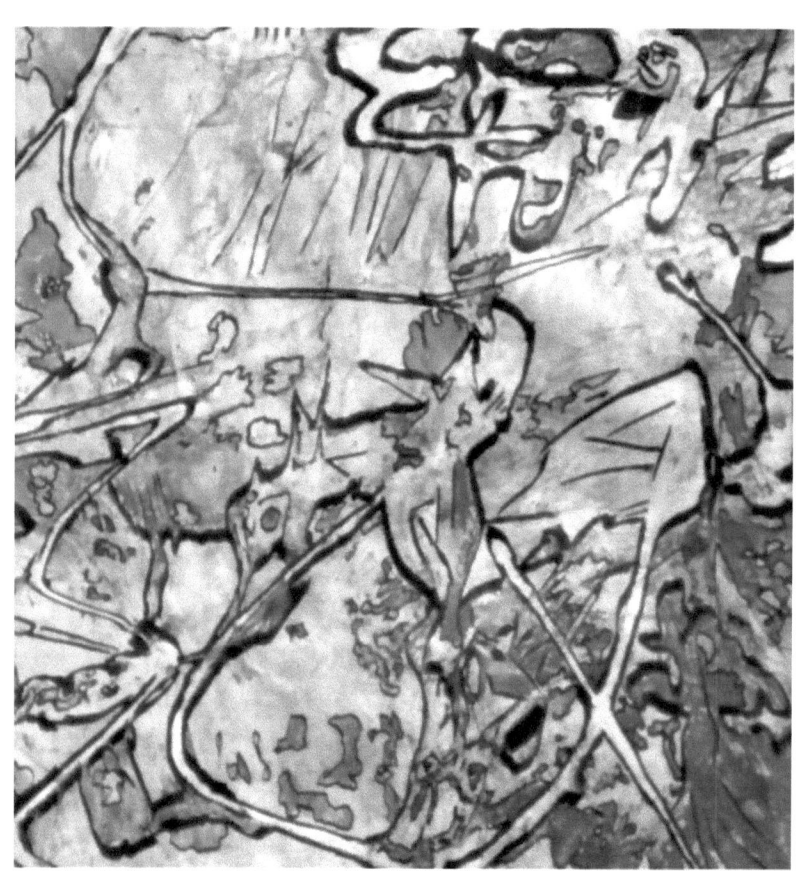

Ich kotze Fragezeichen

mit Farben garnierten Irrsinn

schlecke ich ab

gelbe meine Augen

mit garantiert wasserfestem

Alleskleber

ersticke an der großen weiten Welt

Ich kotze Fragezeichen

giere nach Unendlichkeit

Jenseitigem

würge am Glück

das ich gerade noch fraß

vergiss es!

Stadt

Würgend Erbrechen

graue Mauern

die

dich anblecken

und

höhnisch

tropfen

farbig blitzende

Einsamkeit

Kind der Zeit

Grollt Gleichklang Verderben
suche ich tastend
ein Jenseits und
Sinn, Sinn!

Schreit Glas Verzweiflung
heulen Katzen Dreck
wringen Stahlhände Beton
perlt Blut aus den Augen
dann frage ich
wo ist der Sinn?
wo?

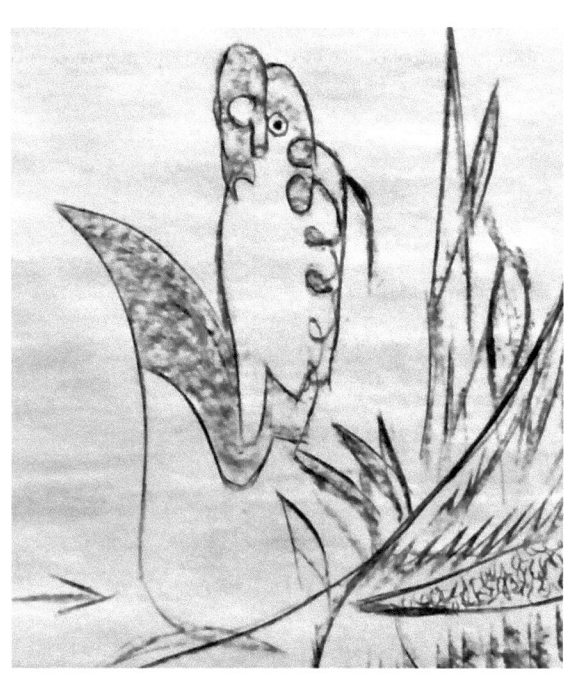

Schatten wirbeln durch die Nacht

Schatten

traurig auf der Suche

nach den Träumen

von Übermorgen

ungesehen

unbeachtet

einsam.

Wenn ich einsam

und traurig

ins Bett geh'

dann erfüllt mich manchmal

Bitterkeit und Schmerz

und wenn ich ehrlich bin

manchmal Hass.

Hass auf all die

unbeantworteten Fragen

die zwischen mir

und den Menschen stehn

die ich lieben könnte

lieben

wäre ich nicht ich

mit all den Fragen

Hoffnungen und Ängsten

und den Tränen

von denen ich nicht weiß

woher und wohin

Taxifahren

Sturm in der Nacht

Treiben von Blättern im Wind

und von Menschen, Menschen!!!

Menschen, die lächeln, lachen, weinen.

Nein nicht weinen, aber grölen und schrein

vor Einsamkeit

Auf der Suche nach Liebe

Wärme und Glück

und dem zärtlichen Druck einer Hand

gestrandet in Alkoholträumen

und dann wieder ausgespuckt

in die Kälte der Nacht

allein!

Blätter durcheinandergepeitscht

vom Sturm in der Nacht

Was tun?

Den ersten Gang einlegen

und der Einsamkeit hinterherjagen.

Fragen

Du fragst mit Recht

wer ich sei

Eine schwere Frage

du weißt

wieviel Steine auf dem Weg zum Meer

ihre Kanten verlieren

Du fragst mit Recht

wer ich sei

Was soll ich sagen

oder besser gefragt

wieviel Wahrheit

kannst du ertragen?

Soll ich sagen

ich wär ein großartiger Liebhaber

voller Wärme, Zärtlichkeit

und ...

Soll ich

voll sprühender Intelligenz

die Fragwürdigkeit

alltäglichen Ringens

um Sicherheit, Geborgenheit

und Glück

entlarven?

Soll ich aufmerksam

an deinen Lippen hängend

gestehen

dass auch Männer nur Menschen sind

und manchmal gemein und böse?

Wieviel Wahrheit

kannst du ertragen?

Wieviel Fragen

wieviel Schwäche

und

wieviel Tränen?

Wieviel Selbstmitleid

wieviel Größenwahn

und

wieviel Träume?

Bitte!

Könntest du mich wirklich lieben?

Selbst dann

wenn sich herausstellt

dass gar nichts

übrig bleibt

nichts

nur Fragen

und

Träume?

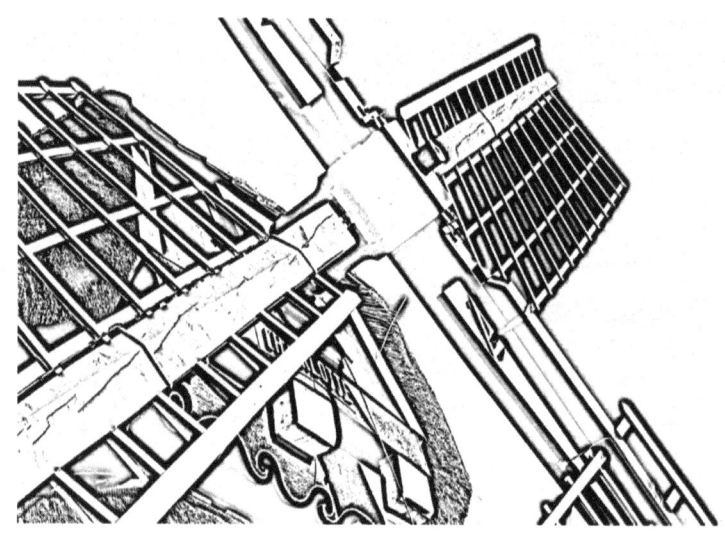

Selbstmord

Fragezeichen baumeln am Fensterkreuz

Voller Hass

im Rausch der Ohnmacht

verschossene

Dum-Dum-Geschosse

Bitterkeit

und so viel Fragen

Seit dem Tag meiner Geburt

starb ich

schon mehr als tausend Tode

Wann frag ich mich manchmal

werde ich leben?

Erwachsensein

Als ich noch Kind war
und meine Mutter
gezeichnet noch
von einer schweren Krebsoperation
wieder zuhause am Küchentisch saß
und meine Eltern bitterlich weinten
weil sie nicht wussten
wie es weitergehen sollte
und ich nicht begriff
worum es eigentlich ging
weil ich ja noch Kind war
und in meiner Unfähigkeit
die Schmerzen meiner Mutter zu lindern
bitterlich weinte
da wünschte ich mir
erwachsen zu sein.

In meiner Schulzeit

als alle meine Klassenkameraden

neue Nylonhemden hatten

und ich keins

weil meine Mutter

jeden Groschen dreimal umdrehen musste

eh sie ihn ausgab

und eines Tages

meine Mutter mir doch ein solches Hemd schenkte

und ich erst glücklich war

und mich dann so entsetzlich schämte

weil ich doch wusste

wie teuer diese Scheißhemden waren

da wünschte ich mir

erwachsen zu sein.

In meiner Jugend

als ich von Thorton Wilder Die Brücke von San Luis Rey

und von Camus Der Fremde und Die Pest las

und von Exupery den Flug nach Arras und Der kleine Prinz

als ich den Sinn des Lebens herausfinden wollte

und ich verschämt anfing

meinen Körper zu entdecken

und meine Gedanken um Mädchen kreisen

und als ich meine erste Zigarette rauchte

da wünschte ich mir erwachsen zu sein.

Während meiner Studienzeit

als meine Haare zu wachsen begannen

und ich mit Jerry Rubin und Jack Kerouac

vom Aufbruch in neue Zeiten träumte

und im Zusammenleben mit Freunden

allmählich begann

mich selbst kennenzulernen

und ich nach jeder zerbrochenen Fessel

aus Konvention und Angst

und bei jedem Versuch

meine Träume zu leben

ganz schmerzhaft auf die Nase fiel

da begann ich mich allmählich zu fürchten

vor dem Erwachsensein.

Und nun
da ich mittlerweile die Fesseln
um meine Gedanken, mein Leben
zu begreifen beginne
und es langsam satt werde
schon heute zu sein
was ich vielleicht morgen
vielleicht aber auch nie
werde sein können

da ich nicht Mann
nicht Frau sein kann
und kindwärts träume
beginnt mir zu dämmern,
dass möglicherweise
gerade dieser schmerzhafte Wirrwarr
von Tränen, Bitterkeit und Träumen
in unserer Gesellschaft

Mann- und Frau-Sein bedeutet
und erwachsen zu sein.

Dass kaum noch Fluchtpunkte bleiben
nur Mauern
und hinter eingerissenen Mauern
neue Mauern
überall Mauern und Fesseln
aus denen immer neu mich zu befreien
ich müde werde
so müde

keine Tränen erleichtern mich
und ich ersticke an meiner Bitterkeit
und könnt' mich sinnlos besaufen

Wenn ich abends abschminke

vor mir selbst

wenn mein gefrorenes Lächeln schmilzt

wenn die Gesichtsmuskeln

Feierabend haben

der Ernst des Lebens abblättert

wenn die Masken fallen

die Fragen und Schmerzen

allmählich

verblassen

wenn hinter all der Bitterkeit

ein kleiner Junge

die Augen öffnet

und anfängt

zu weinen

und

zu träumen

...

welch ein Gefühl!

Ich möchte weglaufen

alles stehen und liegen lassen

nicht jedes Wort

sorgfältig abwägen müssen

nicht länger berechnend taktieren

strategisch handeln

Nicht länger

all den Ärger

in mich reinfressen

gewinnend lächeln

höflich aber bestimmt

immer die Form wahrend daraufhin weisen

dass es so leider nicht gehe

und an was man alles denken müsse

Ich möchte weglaufen

aber wohin

und mit wem?

Träume wie Sand am Meer

wogende Felder

von gelbem Korn

die ihre Wurzeln dem Erdreich entreißen

und tanzen

tanzen

Ruhige kräftige Kühe

auf grünen Weiden

mit Augen wie Fenster

durch die uns die Zukunft

verlacht

Über all dem

die Sonne vibrierend

vor Schmerzen schreiend

und die letzten Träume

verjagend

ich fliehe

Sehnsucht

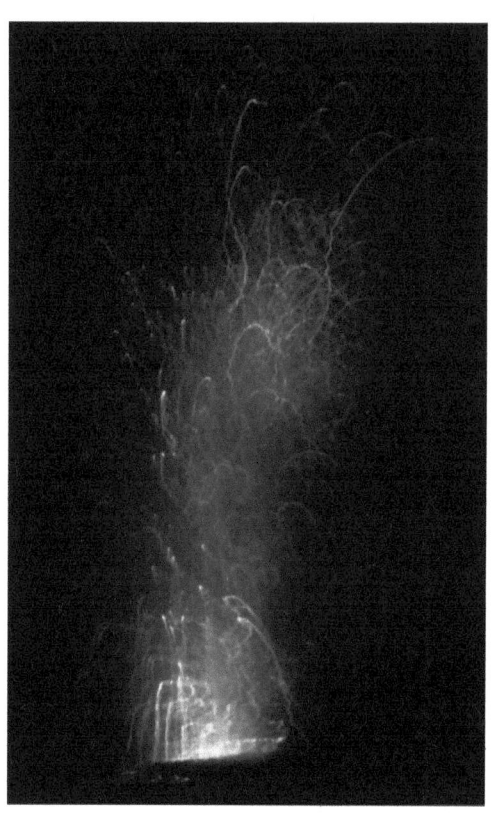

Auf Stromboli

Meine Lippen brennen

vom Salz der Urmeere

in die ich versunken

im Rausch unserer Liebe

Sie haben gekostet

von schwarzem Sand

von feuriger Lava

vom Rauschen der Zeit

Sie haben getrunken

die Stille des Alls

das Funkeln der Sterne

die Kälte der Nacht

Meine Lippen brennen

vom Salz der Urmeere

in die ich versunken

im Rausch unserer Liebe

die ich dir schenken werde

irgendwann und nirgendwo

Meine Gedanken

wie Kinder

im ersten Herbstnebel

irren umher

weißt du noch

damals

als du mich einludst

zu einer Tasse Tee

weißt du noch

damals

als wir noch weinen konnten

gemeinsam

siehst du noch

die brennende Leere

die uns so

quälend langsam auffraß

weißt du noch

meine Haare sind wieder nachgewachsen

und meine Finger schmerzen nicht mehr

doch manchmal

irren meine Gedanken umher

wie Kinder

im ersten Herbstnebel

ich lache und weine

und möchte nach Hause

Drei große Worte

wie Wellen

die mich zu ersticken drohen

haben mich heute

furchtsam gemacht

und traurig

Drei große Worte

die ich lang schon glaubte

vergessen zu haben

Hart und unerbittlich

Drei große Worte

von denen ich wünschte

ich könne sie ertragen

Drei Worte nur

die meine Erinnerung aufrühren

voller Schmerz

Dann geh ich wohl besser

Tschüss

Auf Wiedersehen

Es ist mal wieder soweit

das Karussell der Ohnmacht

dreht sich weiter

Sand im Getriebe

lässt es knirschen

ICH LIEBE DICH

Drei Worte stehen zwischen uns

drei vergiftete, verfluchte Worte

Lange Nächte

in denen Spinnen aus Stahl

Fragezeichen weben

Begegnungen

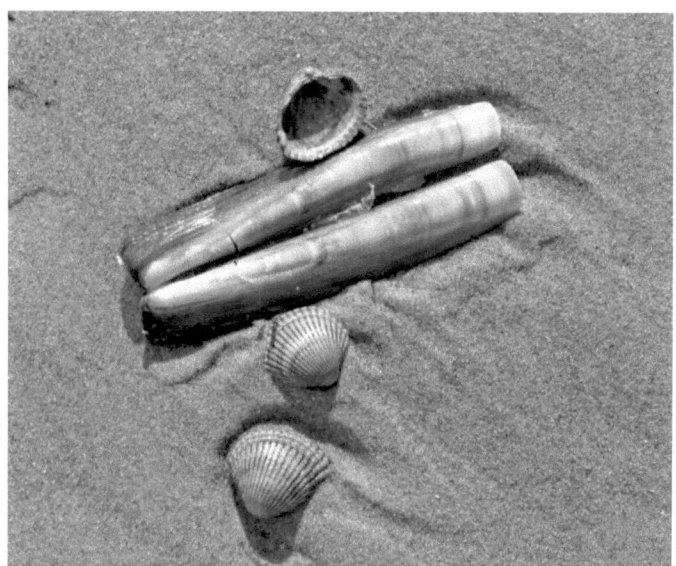

Ruhig bewegt sich mein Glied

im Schoß der Geliebten.

Werde ich je

eins mit ihr sein?

Schneeflocken treiben im Wind

draußen vor dem Fenster

und in unseren Herzen.

Kalt und voller Fröhlichkeit

so leicht, so leicht

und voller Bereitschaft

zu schmelzen

an einem Ort

wo Wärme ist.

Selbst in unseren Herzen

wo Trauer, Bitterkeit und Schmerz

uns frieren machen und weinen.

Wir lachen und weinen.

Die Schneeflocken

tanzen im Wind.

Weihnachten 77 (für C.)

Was soll ich schenken dir

an diesem Fest der Traurigkeit und Lüge?

Ein Lachen voller Bitterkeit

ein Lächeln voller Schmerz?

Die Welt dir zu Füßen legen

und Trauminseln im Meer

voller Wärme, Liebe und Glück?

Wie kann ich schenken dir

was selber ich nicht hab?

Und

woher weiß ich

was du nehmen magst?

Fragen, Fragen über Fragen!

So nehme ich dich in den Arm

und drücke dich

ganz feste.

Eiskalt fegt der Wind

über den Berg

jagt die letzten

Blätter ins

Nirgendwo

treibt Regen übers Land.

Wir kuscheln uns

vor der warmen Glut

des Kamins

aneinander

und träumen

von der Sonne

am

Mittelmeer.

Ich tanze mit dir

auf Frühlingswolken

umhüllt

von den wärmenden Strahlen

unserer neuen Liebe.

Entdecke dich

jeden Tag neu

atme

den süßen Duft

deiner Zärtlichkeit.

Mit dem Klang

einer neuen Musik im Herzen

tanz ich mit dir

auf Frühlingswolken.

Berauscht noch

vom Spiel

der Liebe

und müde

schließe ich

die Augen

und atme

den Duft

deiner Nähe.

Für C.

Als ich vorhin hörte

du würdest heute Abend

kommen

da hüpfte mein Herz

voller Freude.

Wie ein kleiner Junge

freue ich mich

dich

zu umarmen

zu drücken

zu atmen.

Lang ist es her

dass wir einander sahen

zu

lange?

Allein mit dir

in einem warmen Pool.

Leichtes Schweben

wie im All.

Wie ein Jäger

umkreise

ich lüstern

die Beute.

Bis ich dich

endlich

tief atmend

erhasche.

Ich biege ein

in die kleine Welt

unser Stichstraße

und freue mich

schon von weitem

über den Willkommensgruß

der Weihnachtslichter.

Ich komme näher

und drei Lichterreihen

im Fenster

flüstern mir warm zu:

Hier bist du zu Hause.

Manchmal
fühl ich mich
so traurig und hohl.

Meine Gedanken
wie
schwarze Wolken!

Alles geht schief,
ist sinnlos
und leer.

Dann nimm mich
in deine Arme
und drücke mich
ganz feste!

Einfach nur im Hier und Jetzt

Klare, leichte Gedanken

treiben im Wind

und spielen mit mir

sinnlos

sie zu greifen.

Ein Sonnenstrahl

zwischen den Wolken

zwinkert mir zu

und lächelt

über meine Eitelkeit.

Ich tanze

und

mein Herz

lacht

Frühlingswolken.

Eine Welle

voll tosender Kraft

schlägt hoffnungsvoll an den Strand

fällt zusammen

und verrinnt

Weine nicht, mein Mädchen

leg deinen Kopf auf meine Schulter

doch weine nicht, mein Herz

hm, wie du duftest

nicht weinen, mein Schatz

oh je, deine Nase läuft ja

kein Grund zum Weinen

komm, schließ deine Äuglein

ach, musst nicht weinen

bist ja so ein müdes Mädchen

nicht weinen

schlaf gut

schlaf gut

(ganz leise, langsam herausschleichend:)

und träum was schönes

Die letzten Strahlen

der untergehenden Sonne

malen

ein farbenprächtiges Feuerwerk

an den Abendhimmel

kein Mensch weit und breit

Stille

duftend nach warmem Kuhstall

drei Tornados

eilen von Osten her

der Sonne hinterher

und zerreißen

donnernd

die Abendstimmung.

Der süße Duft des Spätsommers

umhüllt zärtlich meine Gedanken.

Ein warmer Wind von Osten her

lässt die Spinnweben

zwischen den Holunderzweigen zittern.

Die Pappeln am Ufer

flüstern das alte Lied

von Reife und Vergänglichkeit.

Meine Hände graben gierig

in der warmen Ackerkrume.

Ein Bussard zieht ruhig

seine Kreise.

Vom Fluss her

steigt ein feiner Nebel auf

verschlingt nach und nach

die Stämme der Bäume im Tal

und macht aus ihren Kronen

Inseln in einem grauen Wolkenmeer.

Es ist kühler geworden

der süße Duft des Spätsommers

umarmt mich zärtlich.

Ich lache und weine

und eile den Berg hinunter

nach Hause.

Endlich bin ich diesem nervtötenden Brummen

der Rasenmäher entkommen.

Jeder Schritt den Berg hinauf

lässt Stille in mein Herz fließen.

Fast reglos am Abendhimmel

goldene Wolkentürme.

Langsam und ruhig geht jetzt mein Atem.

Hanna sitzt bei mir vor der Bank

schaut aufmerksam in die Runde

und bewacht meine Träume.

Port Leucate 1

Nur langsam verliert die kalte Brise

aus den Bergen ihre Kraft.

Trunken vom süßen Wein der Oktobersonne

genieße ich am Strand

den Gesang des tiefblauen Himmels

und das Donnern der Wellen

die unermüdlich an den Strand stürmen.

Port Leucate 2

Der wilde Wein

trägt nur noch wenige Blätter.

Seine kahlen Zweige

umranken das Haus vor mir

wie ein Bonsai-Flussdelta.

Die gelben Fensterläden

sind geschlossen.

Über alle dem

dieser unerwartet, tiefblaue Himmel!

Eine leichte Brise von Süden her

treibt mit den warmen Strahlen

der Abendsonne

meine Gedanken vor sich her

in die Vergangenheit.

Mit Vater Hagebutten sammeln,

Pilze, Kalmuswurzeln und Brombeeren.

Den Garten umgraben und

mit roten Backen

den unbeschreiblich süßen Duft

eines Kartoffelfeuers trinken.

3. November

Mitten über dem Weg

feiert ein Schwarm Mücken

mit einem sinnenverwirrenden Tanz

die letzten Strahlen

der untergehenden Novembersonne.

Farben, Farben!

Ich schwimme im Meer

der goldenen Herbstfarben

und atme den unbeschreiblichen Duft der Blätter,

die langsam

dem Winterschlaf entgegenträumen.

Mit tiefen Zügen

trinke ich

die kühle Luft

des neuen Jahres

während unter mir im Tal

langsam die Stadt

im Abendnebel versinkt.

Meine Schritte knarzen

im knöcheltiefen Schnee.

Vor mir

im letzten Licht

des Abendrotes

ein goldgelber Wirbelwind

begeistert schnüffelnd

an frischen Maulwurfhaufen.

Zwei Wildenten streichen

über mich hinweg nach Gaupel.

Über der Berkel ein zarter Hauch

von Nebel.

Abendstimmung

Ein kalter Wind

weht vom Berg herab

und treibt

die letzten Herbstblätter

vor sich her.

Vor mir Hanna

in schnellem Trab

zusammen mit mir

auf dem Weg

nach Hause.

Zazen

Ich sitze
fest verwurzelt mit dem Grund
aufrecht
wachsam und
gelassen.

Geduldig führe ich meinen Atem
die Wirbelsäule hinunter.
Familie, Kinder, Alltag
ein buntes Feuerwerk
von Gedanken
stürmt auf mich ein.

Nur langsam
wird mein Atem ruhiger.
Und allmählich fließt
Stille in meine Mitte.

Keine Erleuchtung,

kein Schweben über den Wolken

aber ein tiefer Frieden

im Herzen!

Dann endlich Kinhin ...

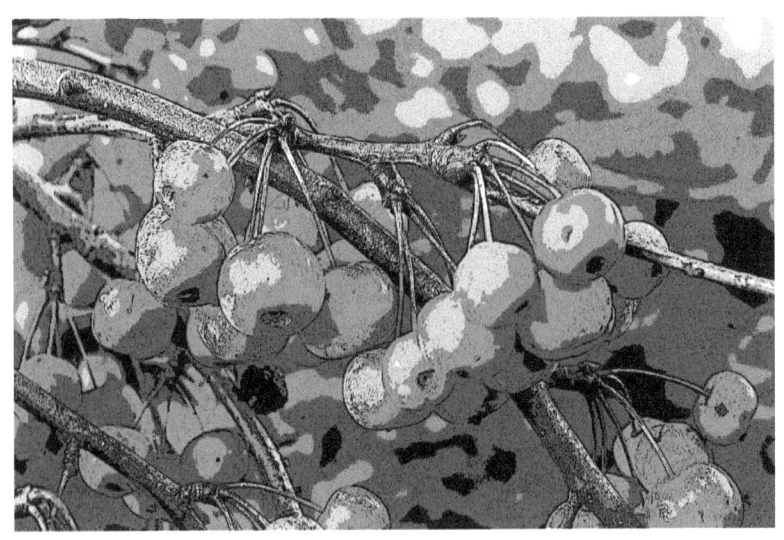

Eine Kerze brennt

und bringt

zwei Kinderaugen

zum Leuchten.

Erst sprachloses Staunen

dann ein lautes

DA!

So kahl

sind jetzt die Bäume

Mit ihren Blättern

spielt nun

der Wind

Wellen

unermüdlich

treiben

ans Land

Vom Meer

eine warme Brise

streichelt

unsere nackten

Körper

Mit dir

an der Hand

den Strand

entlang

Ein Lachen

von Herzen

verhallt

kommt näher

und

umarmt mich

voller Seligkeit

Wellen

stürmen ans Land

werden sie ihr Ziel

je erreichen?

Danksagung

Zum Schluss möchte ich Hermann Mürmann danken. Ohne seine Ermutigung hätte ich mich nicht getraut, dieses Buch zu veröffentlichen.